LES ADIEUX

A

BONAPARTE.

LES ADIEUX

A

BONAPARTE.

I demens et sævos curre per Alpes
Ut pueris placeas, et declamatio fias.

JUVÉNAL.

Courage, insensé, franchis les espaces escarpés, afin d'échauffer un jour la verve des enfans, et d'être le sujet des amplifications de collége.

TROISIÈME ÉDITION,

Revue, corrigée et augmentée.

A PARIS,

CHEZ LES MARCHANDS DE NOUVEAUTÉS.

1800.

AVANT-PROPOS.

Ceux qui ont étudié l'histoire, savent combien il faut de sang et de larmes pour faire ce qu'on appelle un héros; heureuse encore l'humanité, si du sein de tant de désordres, si du milieu des tombeaux que la gloire a creusés, elle voit s'élever un grand homme! Quand j'ai vu Bonaparte sortir de la foule et paroître comme un météore sur notre horison politique, j'ai cru que la fortune réservoit cette consolation à ma patrie. Sa carrière, il est vrai, s'étoit ouverte par le 13 vendémiaire ; il avoit révolutionné Venise, illustrée par un gouvernement de quatorze siècles ; il avoit ébranlé le siége de l'église catholique ; il avoit donné le signal du 18 fructidor : mais il avoit attaché son nom à beaucoup d'événemens heureux ; il s'étoit montré habile dans la guerre, généreux dans la victoire ; il avoit illustré le nom français par des exploits ; il avoit préparé le bonheur de la France par la paix ; la victoire d'Arcole avoit jeté un voile éclatant sur les horreurs de notre révolution intérieure ; les négociations de Léoben étoient près de nous les faire oublier.

La France seroit tranquille peut-être, si le héros qui avoit dicté la paix, eût veillé lui-même à son propre ouvrage ; mais tout-à-coup je ne sais quel enthousiasme l'emporte loin des Français, qui le déclaroient déjà leur sauveur ; se reposant pour le soin de maintenir la paix, sur un gou

vernement fragile et chancellant ; abandonnant
sa patrie aux hasards des événemens révolutionnaires, il s'embarque pour l'Egypte, avec l'élite
de son armée ; et son courage va chercher des ennemis et des tyrans sur les bords du Nil, comme
s'il eût été besoin alors de sortir de Paris pour
en trouver. Le peuple qui aime toujours le
merveilleux , trouva dans cette expédition
chevaleresque , quelque chose qui faisoit res-
sembler Bonaparte aux héros de l'antiquité
fabuleuse. La prise de Malte présagea d'abord
des succès ; nos politiques voyoient notre pa-
villon dominer sur la Méditerranée, et déjà les
bourgeois de la rue St.-Denis se félicitoient de
voir diminuer le prix des oranges; mais la perte
de toute notre flotte ne tarda pas à détruire ces
brillantes illusions de prospérité et de gloire.
Qui le croiroit ? Le crédit de Bonaparte s'ag-
grandit par ce revers même qui devoit faire
ouvrir les yeux sur ses fautes. La gloire de ce
général a cela de commun avec la révolution ,
que tout ce qui devoit les anéantir et les perdre ,

n'a fait qu'accroître l'éclat de l'une et l'explosion de l'autre. Ses victoires avoient excité l'admiration; ses revers et les embarras où il se trouve, excitent l'intérêt. Tous les regards le suivent sur les bords du Nil; on lisoit dans les gazettes, le récit de ses batailles, comme on lit l'Illiade ou l'Odissée; ses lauriers qui s'étoient flétris par le séjour d'un mois qu'il avoit fait à Paris, reverdissent dans une terre nouvelle; la hardiesse, ou plutôt la singularité de son entreprise, la nouveauté des contrées qu'il va subjuguer, l'originalité de ses discours et de ses proclamations, tout fait naître la surprise, tout inspire la curiosité. Loin des regards de l'envie, loin de ce théâtre d'intrigue, où les plus belles réputations s'usent en un moment, c'est un homme toujours nouveau, et par conséquent toujours grand aux yeux des Français. Ses revers devant St.-Jean-d'Acre remplissoient la France d'inquiétude, lorsque tout-à-coup le bruit se répand que Bonaparte est arrivé à Fréjus; l'étonnement, l'intérêt qu'inspire un sort extraor-

dinaire, les malheurs où la France étoit plon-
gée, les menaces des factieux, les revers de
nos armées, et le besoin qu'avoit la république
d'un sauveur, tout concourt à l'environner
des hommages d'un peuple énivré. Il traverse
les provinces méridionales au milieu des accla-
mations de l'enthousiasme. Les bruits de paix se
sèment sur son passage ; on oublie qu'il a quitté
l'Egypte, comme autrefois les enfans d'Israël,
et que les armées de Pharaon sont à sa pour-
suite ; les vœux de la France le dévancent à
Paris ; chaque parti l'environne et veut se re-
cruter de cet homme miraculeux, qui sem-
bloit revenir triomphant du rivage des morts.

Il repousse d'abord tous les piéges qu'on ten-
doit à son ambition ; il se couvre du voile de
la modestie et paroît se vouer à la retraite ;
mais tout-à-coup la scène change : à peine sorti
du dîner que les députés lui avoient donné, sans
l'égard qu'on doit avoir pour les gens chez qui
l'on dîne, il entreprend de se débarrasser de

ses nouveaux hôtes. La représentation nationale s'embarque, par ses ordres, dans la galiote et va tenir sa dernière séance à St.-Cloud. Peut-être Bonaparte fût-il moins grand dans cette journée, que ceux que la France a vu succomber sous le poids de sa fortune; l'histoire qui consultera le portier de l'Orangerie, et non les journaux du tems, fera à chacun sa part de gloire. C'est aux historiens à caractériser cette révolution, ma tâche est d'en faire connoître les résultats.

Les représentans que nous avions alors, étoient trop odieux pour que la reconnoissance n'élevât pas des autels à celui qui venoit de nous en délivrer, mais malheureusement l'espérance alloit au - delà du bien qu'on vouloit faire; chacun faisoit son roman et croyoit que Bonaparte alloit le réaliser. Les malheureux sont si crédules, et tout le monde étoit malheureux alors.

Les royalistes s'imaginèrent d'abord que Bonaparte étoit venu balayer la place où devoit se relever le trône des Bourbons ; les républicains croyoient qu'il n'avoit quitté son armée que pour châtier les tyrans et consolider la république.

Les rêves brillans de tous les partis avoient rempli les Français d'enthousiasme pour Bonaparte et pour la journée du 18 brumaire. Les étrangers ont mieux vu cette révolution qu'on ne l'a vue à Paris, soit parce qu'il est des circonstances que l'on ne peut juger que dans l'éloignement, soit qu'ils eussent moins à espérer et qu'ils aient pu se préserver de cet empire de séduction que l'espérance exerce toujours sur l'esprit humain. Aussi le tems confirme tous es jours l'opinion des étrangers, tandis qu'il use le masque de nos charlatans, et nous laisse chaque jour avec de nouvelles preuves de la fausseté de nos calculs. Le tems, sans doute, suffiroit pour achever de convaincre ceux qui s'égarent encore sur le 18 brumaire;

mais qu'il me soit permis de dévancer sa marche, qu'il me soit permis de soulever tout-à-fait le voile qu'une politique adroite a jetté sur l'avenir.

LES ADIEUX

A

BONAPARTE.

Je ne veux point priver le malheur de sa fidelle compagne et de la seule amie qui lui reste sur la terre ; je ne veux point étouffer dans les cœurs l'espérance ; mais je veux la diriger vers son véritable objet. La plus grande et la plus commune de nos erreurs, c'est d'avoir attendu le bien de ceux qui n'avoient point de penchant à le faire , et d'avoir sans cesse espéré dans les hommes que leur faux intérêt forçoit à trahir toutes nos espérances. Dans la position où nous sommes , c'est un grand pas fait vers le bonheur , que de savoir d'où il peut arriver. Peut-il nous venir aujourd'hui de Bonaparte! Je vais le demander aux royalistes et aux républicains, à la France, à l'Europe, et à Bonaparte lui-même. Qu'on ne me suppose pas l'intention de ternir sa gloire. Puisse-t-il, au contraire , en augmenter l'éclat en démentant nos conjectures , et en rendant à la France un bien qu'elle n'ose plus attendre de lui.

Lorsqu'en révolution on s'est fait une opinion, elle devient , sans même qu'on y songe, le régulateur de toutes nos idées en politique , et des voeux que nous faisons pour notre prospérité individuelle et pour la prospérité publique ; hors de notre opinion, nous ne voyons qu'erreur et calamité ; elle devient pour nous la vérité, la sagesse, la vertu, la paix, le bonheur : c'est par elle que nous voulons que le monde soit gouverné ; et telle est la foiblesse des pauvres humains, qu'il ne suffit pas d'être heureux , il faut encore que chacun

le soit à sa manière et selon son systême.
D'après cette considération , on verra que
Bonaparte s'est chargé d'une tâche bien difficile à remplir : les royalistes attendent aujourd'hui la félicité de la monarchie ; les républicains ne voient au contraire de salut que
dans la république. Écoutera - t - il les deux
partis ? C'est une entreprise impossible. N'en
favorisera-t-il aucun ? Il se fait des ennemis
de tous les deux. Il ne lui reste plus qu'à
se déclarer pour l'un ou pour l'autre ; il n'a
plus qu'à choisir celui qui lui offrira une gloire
plus durable , des succès plus assurés , des
triomphes plus éclatans et moins orageux ,
celui enfin qui a déjà l'assentiment du présent , et que l'avenir ne démentira pas.

Quand on examine la conduite de Bonaparte , il est facile de voir qu'il n'a point encore choisi , et qu'il préfère la haine de tous
les partis à l'amour d'un seul. Les royalistes
en effet ne peuvent pas croire que Bonaparte
travaille pour leur cause. S'il avoit eu quelque
penchant à les écouter , il n'auroit pas préparé contr'eux une guerre d'extermination dans
les départemens de l'ouest. Il suffit d'interroger

sur les intentions du grand consul les mânes de Toustaint et de Frotté ! On ne fait point des martyrs dans une cause qu'on veut protéger. Dans le cours de la révolution, nous avons bien vu des chefs de partis faire massacrer ceux qui leur étoient opposés ; mais ils n'ont jamais fait fusiller les gens qui étoient de leur avis. Lorsque j'ai appris la mort des prisonniers faits dans la guerre de l'ouest, j'aurois même été sincèrement fâché pour Bonaparte qu'il fût royaliste : il s'excusera peut-être d'avoir fait mourir ses adversaires ; mais il n'auroit jamais effacé la honte d'avoir ordonné la mort de ses amis ; et quelque soit le prix qu'on mette au bienfait de la monarchie, j'avoue qu'il seroit trop pénible de croire qu'on cherche à l'acheter avec le sang même des royalistes.

Mais ce n'est point assez pour Bonaparte d'avoir fait mourir les royalistes, il a cherché à dépopulariser les princes, sans lesquels la France ne peut point espérer de monarchie. Tout le monde connoît cette phrase trop fameuse sur les chefs de la maison de Bourbon; elle doit nous convaincre enfin que celui qui ne sait pas honorer le malheur , n'a pas le projet d'en faire cesser la cause , et c'est en vain qu'on rappèleroit les loix de l'antique monarchie des Français , à celui qui paroît avoir oublié les premières loix de la nature. La vertu malheureuse n'a pas besoin ici de mon apologie ; l'Europe la plaint et l'admire. Le véritable courage ne consiste point à se précipiter sur les champs de bataille ; c'est un héroïsme que la guerre a rendu trop commun , et je dirai presqu'odieux ; c'est une gloire qui éblouit les regards sans échauffer le coeur et sans élever l'ame. Mais il est un courage plus rare, plus touchant, plus digne de l'humanité, c'est celui qui nous fait supporter les revers de la fortune. Le spectacle le plus sublime, dit Sénèque , que la terre puisse offrir au ciel, c'est celui de la vertu aux prises avec le malheur. L'inconstance de la fortune mettra peut-être un jour le courage de Bonaparte à l'épreuve ; c'est là que l'Europe l'attend pour juger s'il est un heros.

On a tant de penchant à croire ce qu'on espère, qu'il n'est point de fables qu'on n'ait adoptées , point de conjectures qu'on n'ait faites , point

B

d'indices qu'on n'ait saisis, pour appuyer l'opinion qu'on avoit de Bonaparte. Il me semble voir les royalistes roder sans cesse autour du château des Tuileries, pour voir s'ils n'y trouveront pas au moins une fleur de lys, qui puisse accréditer leurs espérances. Si Bonaparte eût pu être accessible à un autre sentiment que celui de l'ambition, quelle journée pour lui que la première qu'il a passée dans ce palais ! Lorsqu'il a couché pour la première fois dans la chambre même de Louis XVI, n'a-t-il pas cru voir errer autour de lui l'ombre plaintive des rois de France, qui venoient lui redemander un trône usurpé ? On dit qu'il a paru long-tems à cette même fenêtre où le petit-fils de Henri IV se montroit quelquefois aux jours de sa captivité : il a dû voir delà la place où s'élevoit l'échaffaud de la famille royale ; mais si le sort des princes ne le touche pas, qu'il se rappèle que c'est là qu'ont succombé tour à tour tous les usurpateurs de la monarchie ; c'est du palais des Tuileries que la fortune a arraché les Danton, les Brissot, les Roberspierre, qui sont tombés du trône révolutionnaire dans la charrette du bourreau ; depuis dix ans ce palais n'a été qu'une

espèce de caravanseraï placé sur la route de l'é-
chaffaud : malheur à celui qui ne profite pas
des leçons que cette demeure offre de toutes
parts aux ambitieux. Le père d'Alexandre
avoit chargé un de ses courtisans de lui rappeler tous les jours qu'il *étoit homme.* Bonaparte devroit charger, non pas un de ses
courtisans, mais un de ses amis, de lui montrer tous les matins la place de la révolution et le cimetière de la Madeleine.

Mais revenons aux royalistes. Les gazettes ont
dit qu'on alloit remettre au théâtre *Richard,
cœur de lion.* Cette nouvelle est devenue une
source d'espoir pour eux : pour moi, qui ne peux
point partager leurs illusions, je dirai en sortant
de cette représentation, comme ce géo-
mètre qui venoit d'entendre une tragédie de
Racine : *Qu'est-ce que cela prouve.* Autrefois la monarchie nous permettoit d'applaudir
sur la scène, aux républicains ; sous les rois,
on nous élevoit dans l'admiration des républiques grecque et romaine, et la cour n'étoit
point effrayée des éloges qu'on donnoit à
Brutus. Bonaparte veut montrer la même sécurité ; il voudroit placer les rois dans la pers-

pective lointaine où étoient placés pour nous, sous la monarchie, les Grecs et les Romains, dont nous admirions la législation comme une politique idéale qui ne convenoit ni à nos mœurs ni à notre siècle Il seroit fort aise de rejetter ainsi tout-à-coup les rois dans l'antiquité, et de confondre l'amour qu'on a pour eux avec l'intérêt qu'inspirent les républiques de Rome et d'Athènes ; je suis persuadé même qu'il liroit avec plaisir un poëme épique sur Louis XVIII, si ce chef-d'œuvre pouvoit faire croire que ce prince est mort depuis plusieurs siècles, et qu'il fût le contemporain d'Enée ou d'Ulisse.

Au reste, en permettant la représentation de Richard Cœur-de-Lion, Bonaparte prouveroit tout au plus qu'il connoît mieux les Français que ceux qui l'ont précédé ; et comme il les connoît mieux, il les redoute beaucoup moins. Que doit-il en effet craindre de ces royalistes qui ne savent jetter que des épigrames à la tête de leur ennemi, et qui sont toujours contens, lorsqu'ils ont trouvé la monarchie dans un couplet. Les prédécesseurs de Bonaparte se sont adressés à la crainte pour régner ; il s'est adressé d'abord aux plaisirs : les directeurs vouloient diviser et effrayer les Français; le grand consul veut les distraire et les amolir ; cette méthode lui a réussi, et lorsqu'il a ouvert les bals, il a fait naître plus de sentimens heureux, que le jour où il a ouvert les prisons : en encourageant les plaisirs, en tolérant sur la scène des idées monarchiques, il semble dire aux Français : « Vous cherchez le bonheur, vous le trouverez à l'opéra; vous voulez un roi, allez le chercher au théâtre ; chantez, dansez, et laissez-moi régner sur vous en paix. »

Mais il est évident, me dit un royaliste, que Bonaparte va proclamer le roi à Dijon ; je lui en fais mon compliment; mais qu'est-il besoin d'aller si loin ? Le peuple de Paris n'est-il pas toujours le meilleur des peuples! Et Bonaparte ne sait-il pas que les Parisiens sont les éternels approbateurs de tout ce qu'on fait au milieu d'eux ? Croit-il sur-tout qu'ils hésitassent à accueillir celui qu'on attend, puisqu'on n'a pas hésité d'abord de l'accueillir lui-même, lui qu'on n'attendoit pas ? Voudroit-il s'éclairer sur le voeu de la majorité ? Mais le voeu de la majorité est facile à connoître; un de ses conseillers d'état a dit qu'avant le 18 brumaire, sur 100 Français, 99 demandoient un roi; on n'a rien fait depuis cette époque, pour diminuer le nombre des royalistes; le vœu de la nation est, j'ose le dire, unanime, et les habitans du faubourg Saint-Antoine peuvent répondre sur ce point pour les citoyens de Beaune. Il y a en effet un mois que Bonaparte a fait annoncer dans les gazettes, son départ pour Dijon, et l'Europe trompée par cette annonce solemnelle, s'est etonnée de voir enfin parmi nous un gouvernement qui osât concevoir des projets si éloignés, et qui pût voir trois semaines devant lui. La vérité est que Bonaparte n'a nulle envie d'aller à Dijon, comme on le dit. D'un côté, il a cru que le bruit de son départ pouvoit exciter l'enthousiasme de la jeunesse et lui faciliter une paix passagère; de l'autre, si les revers de la campagne exigent sa présence à l'armée, il sait fort bien que son départ causera moins d'inquiétude, lorsqu'il aura été annoncé. Envain les journaux parlent ils encore de son voyage dans la quinzaine; Bonaparte ne sait pas même ce qu'il fera demain. Il n'ose point aller à Dijon, de peur de laisser derrière lui des factions toujours prêtes à le renverser ; il craint de rester à Paris, dans un moment où il peut s'élever des partis puissans contre lui dans l'armée. Il fait le projet, ce matin, de se rendre sur les bords du Rhin ; ce soir, il voudra courir vers la Trébia. Veillera-t-il à la conservation de son frêle gouvernement, ou bien ira-t-il faire sortir de leurs ruines les républiques qu'il a fondées en Italie ? Son destin l'entraînera-t-il vers le Nord, ou vers les régions orageuses du Midi ? C'est le secret des événemens qui l'emportent malgré lui. Voulez-vous savoir ce que deviendra la vague agitée, allez le demander à la tempête.

Bonaparte n'a qu'un signal à donner, pour éviter à la France les horreurs de la guerre, et pour échapper lui-même aux embarras d'une autorité chancelante, et s'il ne se déclare pas, aujourd'hui que le péril le presse, et que tout le monde est disposé à le seconder, il faut croire qu'il ne le veut pas. Il sait bien pourtant que les momens sont précieux, et que sur le théâtre incertain des évenemens ré-volutionnaires, rien n'est si rare que l'occa-sion ; il doit savoir que ce qu'on peut faire un jour, on n'est pas assuré de le pouvoir encore le lendemain, et que lorsqu'on manque le moment de l'enthoutiasme, on échoue souvent à celui de la réflexion.

Au milieu de toutes ces incertitudes, les royalistes espèrent , et tandis qu'ils espèrent , Bonaparte marche à son but; leur espérance est le marche - pied du trône sur lequel il va s'asseoir. S'il parvient jamais à s'y consolider, et à triompher des obstacles dont il est entouré , Dieu sait comme il se moquera de ceux qui lui auront prêté leur appui , et qui l'imploreront encore pour leur cause. Quand le renard eut monté sur les cornes du bouc, pour sortir du puits , comme celui-ci imploroit son assistance, le cauteleux animal se contenta de lui répondre :

Or, adieu, j'en suis hors,
Tâche de t'en tirer et fais tous tes effforts;
Car pour moi j'ai certaine affaire,
Qui ne me permet pas d'arrêter en chemin.

Pourquoi donc les royalistes, qui sont la partie la plus éclairée de la nation, ont-ils tant de dispositions à être dupes? Et pourquoi ne saisissent-ils presque jamais le véritable côté des choses? C'est que la plupart d'entr'eux ont dédaigné de voir la révolution de près , et qu'ils sont réduits à chercher la clef des événemens actuels dans les révolutions grecques ou romaines : ils savent fort bien ce qui est arrivé à Rome sur le mont Sacré, ils ignorent ce qui se passe au faubourg Saint-Antoine ; ils savent comment Mazanielle vint à bout de faire une révolution à Naples ; ils se doutent à peine de ce qu'on a pu faire à Paris, pour en faire une. Ils ont lu dans David Hume, que Munk a rendu l'Angleterre à ses rois légitimes, ils en concluent que Bonaparte doit en faire autant. Ils expliquent ainsi le tems présent par l'histoire des siècles passés, et comme ce qui arrive aujourd'hui, n'a rien de commun avec ce qui est arrivé autrefois, il en est résulté que dans la révolution les érudits se sont presque toujours trompés, et que l'instinct a toujours mieux jugé que la raison. Par une suite d'ailleurs de leur isolement et faute de pouvoir se rapprocher, les royalistes ont manqué de cette communication d'idées qui fait la lumière, et comme chacun pensoit à l'écart, les opinions n'ont pu se rectifier les unes par les autres. Delà cette bigarrure d'idées, cette divagation de systêmes qui a contribué à créer parmi eux tant de partis, et qui accrédite encore aujourd'hui les opinions les plus fausses. On pourroit par-là expliquer leur défaut de courage, comme on explique leur défaut de lumière. Le courage exige une sorte de confiance dans ses forces, une sorte de sécurité dans l'esprit, qui manquent à ceux qui s'isolent et qui s'avancent, pour ainsi dire, les yeux fermés dans une carrière semée d'écueils.

Il est aussi un grand nombre de royalistes qui se sont fait, comme dit Mallet-du-Pan, un système tout-à-fait commode d'expectative et de quiétude, et qui attendent Louis XVIII comme les juifs attendent leur Messie, lequel viendra, disent-ils, quand il plaira au ciel. Ils ont fait si peu de choses pour leur cause, qu'ils ne doivent pas être fort difficiles sur les démonstrations de zèle de la part des autres. Il est tout naturel qu'ils supposent des intentions à Bonaparte, pour se justifier à eux-mêmes leur inaction. Je connois de fort bons royalistes, qui paisiblement assis auprès du feu et les pieds sur les chenets, déclament du matin jusqu'au soir contre la lâcheté des Français. Si vous leur demandiez ce qu'ils ont fait eux-mêmes pour la royauté, on doit croire

qu'ils vous répondront que Bonaparte s'en occupe pour eux. Un des grands malheurs de
la génération actuelle, et sur-tout des gens
riches, c'est la dépendance où les a placés le
besoin qu'ils se sont fait des autres. S'agit-il de
l'éducation d'une famille ? il leur faut prendre
quelqu'un. A-t-on à traiter une affaire sérieuse?
on en charge quelqu'un. Faut-il monter sa
garde ? on y envoie quelqu'un. Il est fâcheux qu'ils ne puissent pas aussi trouver
des gens qui veuillent mourir à leur place,
et se faire remplacer en prison et à l'é-
chaffaud comme au corps de garde. Lorsque les jacobins ont quelque chose à faire,
ils le font eux - mêmes ; aussi leur cause est
bien mieux défendue ; et si celle des royalistes a eu si peu de succès jusqu'à présent,
c'est qu'elle a été confiée à ceux qui avoient
le moins d'intérêt à la défendre.

Venons aux républicains. Rêvent-ils encore
la république, comme les royalistes rêvent la
monarchie ? Non ; les républicains s'abusent
moins que leurs trop crédules adversaires. Sur
quoi, en effet, reposoit notre république ?
Sur les principes de la représentation natio-

nale ; mais ces principes n'ont pas survécu à
la journée de Saint-Cloud; car je ne crois pas
qu'on puisse donner le nom de représentation
nationale à cet amas obscur de tribuns et de
législateurs, qui ne sont point nommés par
la nation, et qui reçoivent tous les matins,
des Tuileries, le bulletin de ce qu'ils doivent
penser dans la journée.

La constitution de l'an III n'étoit pas un chef-
d'œuvre, sans doute ; Dieu me garde d'en faire
ici l'apologie! mais, quelque mauvaise qu'elle
fût, la république reposoit sur elle. Tous
les républicains et tous ceux qui tiennent à
la république lui avoient prêté un serment
solemnel : Bonaparte a soufflé sur ce monu-
ment législatif, et il s'est écroulé malgré les
trois ou quatre millions de sermens qui devoient lui servir d'appui. Il est vrai qu'on a
tiré une quatrième constitution du pigeonnier
de Sieyes, et le général Lefebvre s'est chargé
de la faire accepter *avec ses baïonnétes.* (Ce
sont les propres termes de la nouvelle chan-
cellerie) Les bonnes gens ont tremblé, selon
l'usage ; on a tellement compté sur les bons
effets de la peur, qu'on a proclamé d'avance

l'acceptation de la constitution qui n'étoit point encore acceptée. Je demande ici aux républicains ce qu'est devenue cette souveraineté tant vantée ; mais du reste je m'occupe beaucoup trop de cette constitution dont personne ne s'occupe. Tandis que les étrangers en faisoient une critique savante et raisonnée, le lendemain de sa publication elle ressembloit déjà pour nous à ces vieilles ruines dont on parle aux extrémités du monde, et que les habitans du pays foulent d'un pied indifférent. On rougissoit même du nom de constitution, aussi ne l'appeloit-on dans les premiers jours que le pacte social ; on a fini par n'en plus parler.

Pour consoler les bonnes gens, on leur a dit que la république ne seroit plus dans les choses, mais dans les personnes. On prodiguoit même à ce sujet les figures de réthorique qui font toujours plus d'effet sur l'esprit du peuple que les raisonnemens les plus suivis ; les uns disoient : « Une constitution est comme un piédestal qu'on ne remarque que par les statues qui y sont placées. » D'autres la comparoient burlesquement à un édifice qu'on doit juger moins par son architecture que par les personnes qui se montreroient aux fenêtres. Pour suivre cette belle figure, répondez, messieurs les républicains, si vous l'êtes encore : quelles sont les personnes que vous avez vues jusqu'à présent aux fenêtres ; pour moi, j'y ai vu si mauvaise compagnie, que j'ai été tenté de prendre l'édifice pour un mauvais lieu. On a vu quelques honnêtes gens dans la magistrature, mais on avoit l'air de ne les y admettre que comme on admet une objection contre un système qu'on veut défendre; et ce qu'il y a de plus désolant pour les républicains, c'est que lorsqu'on plaçoit un homme vertueux et éclairé, c'étoit justement un royaliste. On traitoit notre république de chimère, lorsqu'elle étoit, ce qu'on appèle, dans les choses ; il faut convenir que la république des personnes n'est pas moins imaginaire.

Vous rappellez-vous le jour où Bonaparte quitta le palais des Médicis pour venir habiter celui des Tuileries ? Etiez-vous par hasard dans la foule qui s'efforçoit de voir la nouvelle majesté ? Les royalistes ont remarqué des fleurs de lys, des signes de royauté, et vous, mon cher *Scévola*, avez - vous remarqué des signes de républicanisme ? Ces soixante voitures, ces six chevaux blancs, cette livrée nombreuse, vous ont - ils rappelé les idées si chéries de l'égalité ? Vous aviez bien lu, il est vrai, sur un poteau au Carrouzel, ces mots remarquables : *Ici la royauté a été abolie en France, le 10 août* 1792 mais la baguette de cérémonie de Benezech n'a pas eu sans doute la vertu de vous faire voir une république à la place.

La liberté de la presse, comme on l'a dit mille fois, étoit le palladium de la république; elle étoit consacrée dans tous les partis; Robespierre, lui-même, l'avoit respectée : aujourd'hui, les imprimeurs et les libraires remplissent les cachots ; cent journaux ont été supprimés dans un jour ; la proscription atteint la pensée, et la renommée est mise aux fers. La presse, le peuple, l'opinion ne sont plus que des souverains détrônés.

Je vous en avertis, Bonaparte a pris des

leçons de politique en Orient. Voyez sa côn=
duire, on n'y retrouve aucun vestige de
liberté; lisez ses proclamations, il n'y laisse
pas même aux républicains la consolation
d'entendre parler de la république. Nous avons
bien, il est vrai, des tribuns, des consuls,
des préfets, des sénateurs; mais la république
ne se montre nulle part. Que sont devenus
tous nos Brutus? Il seroit bien tems qu'ils
se montrassent, car on ne peut plus douter
que César n'ait passé le Rubicon!

J'ai remarqué dans notre révolution que
les choses contre lesquelles on a le plus dé=
clamé font toujours arrivées. On s'est beaucoup
élevé contre les deux chambres, nous les avons
eues; on a beaucoup déclamé contre les dic-
tateurs, nous avons un dictateur; depuis
dix ans on dénonce à toutes les tribunes la
faction des étrangers, nous vivons sous l'empire d'un gentilhomme d'Ajaccio. Les jacobins,
s'ils étoient sages, ne devroient pas tant décla-
mer contre les rois, car les rois pourroient bien
revenir aussi. Quoique Bonaparte n'ait pas eu
jusqu'à ce jour l'intention de rétablir la monarchie, il n'en est pas moins vrai qu'il a

désanchanté toutes les idées républicaines , et rendu la république impossible. Depuis le 18 brumaire , les esprits se sont accoutumés à envisager l'unité comme le principe de l'ordre , et les idées monarchiques sont devenues les élémens de l'opinion publique. La royauté se présente aujourd'hui à la France , comme la liberté en 1789 , avec toute la magie de l'espérance ; chacun , selon qu'il la craint ou la desire , s'arrange comme si elle étoit déjà là ; les uns lui demandent grâce pour des erreurs déjà oubliées, les autres réclament la récompense due à la vertu, tous les Français attendent d'elle l'oubli de leurs peines ; enfin la marche des événemens et des idées nous y porte d'une manière irrésistible; et de même que ceux qui ont ébranlé la monarchie , n'ont pas été les maîtres d'arrêter les progrès de la révolution, ceux qui ont renversé notre république naissante , n'ont plus le pouvoir de reculer le retour de la monarchie.

Mais il est beaucoup d'hommes qui ne sont ni royalistes ni républicains ; ils n'ont point lu Montesquieu , et ils ne connoissent point les définitions d'Aristote ; pour eux , le meilleur des gouvernemens est celui où l'on danse et l'on digère en repos. Les gens qui s'occupent exclusivement de ces deux importantes affaires , ne sont pas difficiles en gouvernement , ils ont une philosophie admirable qui leur fait prendre leur parti sur tout , et j'en ai vu qui dansoient et qui digéroient fort bien sous Roberspierre. Tout est tranquille maintenant , disent-ils , nous pouvons aller au spectacle sans entendre parler d'insurrection, on peut se promener au Palais - Royal sans traverser des grouppes ameutés, et sans être poursuivi par les clameurs d'un peuple séditieux. Vous n'entendez point parler de troubles ? Transportez-vous dans les départemens de l'Ouest, sur ce théâtre encore fumant de la guerre civile ; voyez ces villages abandonnés , ces champs incultes ; entendez les plaintes du peuple à qui on enlève le bled qui le nourrit , et le chaume qui le couvre ; croyez-vous que l'aspect de tant de ruines n'excite pas un jour les habitans au désespoir ? C'est en vain que le glaive a moissonné les trois quarts de la population de ces contrées ; il naîtra des vengeurs des ossemens même des morts. « La

» vengeance , dit un écrivain qui vivoit sous
» Néron, donne des forces aux sépulcres, et les
» ombres défendront leurs tombeaux. » L'étonnement a fait taire un moment les passions hai-
neuses dans les départemens ; mais un peuple qui
a tant souffert semble avoir contracté l'habitude
et le besoin de haïr. Les passions se réveilleront
bientôt de toutes parts avec les alarmes et
les souvenirs. Voyez affluer au sein de la ca-
pitale ces hommes au front menaçant , qui
laissent lire dans leurs regards une révolution
nouvelle , et ces factieux qui étoient désunis
et que la fureur de la vengeance semble
rapprocher , et cette foule d'aventuriers qui
ont besoin d'ébranler un gouvernement pour
dîner , et qui disent , comme Job, que *l'or
vient de l'aquilon*. Déjà des bruits sourds de
conspiration portent l'alarme dans le public ;
déja l'anarchie a rassemblé ses conciliabules
et relève ses tréteaux. Ceux qui gouvernent
sont réduits à faire colporter leur apologie
dans les carrefours , et qui sait si la république ne sera pas bientôt gouvernée au coin
des bornes. Peut-être le moment n'est pas
loin , où tous les partis se lèveront et ne com-
battront plus à genoux : c'est alors qu'on ne

pourra plus se défendre dans une loge d'O-
péra, et où il ne suffira pas de parer l'orage
avec des éventails.

Votre ame, dites-vous, n'est plus réveillée
par les cris de la misère; mais les suicides
sont plus fréquens aujourd'hui que jamais;
chaque jour nous voyons au milieu de nous
des infortunés, des femmes, des vieillards,
qui se délivrent de la vie comme d'un far-
deau que la révolution a rendu trop pesant,
et qui maudissent en mourant une terre où
il ne leur reste d'autre asyle que le cercueil.
Ceux qui ont le courage de vivre dévorent
leur douleur dans la retraite; le deuil craint
les regards d'un public indifférent et frivole; on
cache ses besoins et ses larmes, bien plus qu'on
ne cache des crimes : montez dans les galetas,
pénétrez dans l'asyle obscur du désespoir, c'est-là
que se forme en silence une opinion terrible
contre ceux qui gouvernent; elle en des-
cendra un jour, comme le tonnère descend
du ciel : malheur à ceux qui n'auront pas
entendu sa voix!

Cependant on se rassure en lisant le dernier

numéro de Mallet-du-Pan. On a besoin de sécurité, on s'attache à tout ce qui peut la faire
naître. On n'ose pas même regarder autour de
soi, de peur de se convaincre des dangers que
l'on court. Assis sur un volcan enflammé et en-
vironné de ses laves brûlantes, nous écoutons
avec avidité les paroles rassurantes d'un homme
qui nous crie du fond de son cabinet, que le
cratère est fermé. On court à Longchamp ; on
trouve dans ces brillantes assemblées, des
figures qui semblent respirer la sécurité. Le
spectacle du luxe et l'attrait des plaisirs nous
distraisent au passage, et le calme qui paroît
sur les visages, pénètre un moment jusques
dans les ames. Plusieurs voyageurs parlent
d'une tempête qu'ils ont essuyée dans les mers
du Cap de Bonne-Espérance. Le ciel étoit
serein ; le soleil éclairoit l'horizon, mais les
abîmes de l'Océan étoient ouverts ; tous les
vents étoient déchaînés ; ils ajoutent que rien
n'étoit plus affreux que ce contraste du calme
et de l'orage. Le spectacle de cette tempête,
éclatant sous un ciel serein, peint parfaitement
la situation où se trouve aujourd'hui la république.

Au milieu de nos éternelles dissipations,
il est une chose pourtant, dont les plai-

sirs ne peuvent nous distraire , dont l'idée chérie se mêle à toutes nos pensées , dont l'image nous console dans nos revers , et nous suit dans le tumulte enivrant des bals : c'est la paix avec l'Europe. L'attention publique en est tellement préoccupée, qu'on remarque à peine l'usurpation de Bonaparte , et c'est une des raisons peut-être qui a diminué jusqu'à ce jour le nombre de ses contradicteurs ; l'esprit des Français étoit trop plein des tableaux consolans de la paix, pour avoir d'autre sentiment. C'est la paix sur-tout qu'ils desirent , et la France épuisée semble avoir promis l'empire à celui qui la fera jouir de ce grand bienfait. Le gouvernement nouveau peut-il nous la donner?

L'Europe n'a jamais été plus menaçante que depuis que Bonaparte s'est emparé de l'autorité. Elle s'est effrayée de voir le *jaconisme royalisé* et toujours prêt à se déborder d'une manière d'autant plus funeste pour la tranquillité des états , que ses nouvelles convulsions devoient avoir cet ensemble et cette direction que donne l'unité de pouvoir et de volonté. On m'objecte que nous avons un gouvernement fort ; sans examiner ici ce qu'on entend par ce mot, je dirai que c'est justement parce que nous avons un gouvernement fort qu'on nous fait la guerre. On redoutoit moins les jacobins, parce que leur doctrine étoit devenue odieuse aux peuples, et que d'ailleurs ils se détruisoient d'eux-mêmes ; mais tous les rois sont intéressés à ne pas souffrir le triomphe d'un usurpateur : l'Angleterre et l'Autriche ont traité avec le directoire, mais elles n'ont pas voulu entendre les propositions du premier consul. L'usurpation de Bonaparte est plus marquée que celle de ceux qui l'ont précédé. Ceux qui avoient gouverné la France jusqu'à ce jour, avoient été poussés au faîte de l'autorité, par le torrent des événemens ; ils étoient d'ailleurs en si grand nombre, que la haîne n'en pouvoit distinguer aucun, et la responsabilité ne portoit, pour ainsi dire, sur personne. Mais Bonaparte s'est placé lui-même sur le trône ; il a rejetté loin de lui tous ceux qui pourroient partager avec lui la puissance. C'est lui seul qui fixe tous les regards ; son autorité suprême qui s'élève sur les débris de la monarchie et de la république, est devenue en quelque sorte un point de mire pour l'Europe coalisée ; les rois savent mieux où diriger leurs coups, depuis que l'hidre n'a plus qu'une seule tête. Il ne faut pas croire qu'ils mettent bas les armes, lorsqu'ils ont trouvé enfin leur ennemi qu'ils sembloient plutôt chercher que combattre. Qu'on considère un moment la situation actuelle des états confédérés ; l'imagination a peine à suivre les succès brillans des Allemands et des Russes dans la dernière campagne ; les Anglais ont plus que jamais assuré leur empire sur la Méditerranée et sur l'Océan. Il n'est pas probable que les vainqueurs descendent de leur char de triomphe, pour transiger avec la révolution, dont les menaces ont armé l'Europe, et pour traiter avec un gouvernement dont les succès doivent encourager tous les ambitieux, et faire trembler tous les souverains légitimes.

La force même de notre gouvernement tient à une cause qui est peu faite pour rassurer l'Europe. Le gouvernement n'est fort, que parce que la guerre met à sa disposition des moyens extraordinaires ; Bonaparte sait fort bien que la constitution de l'an 8 qui l'a nommé premier consul, ne sera p'us rien, quand elle cessera d'être commentée par les baïonnettes. Un usurpateur, quelque soient d'ailleurs ses qualités personnelles, ne peut régner par l'amour, il est réduit à l'affreuse nécessité de régner par la crainte ; mais les armées qu'il entretient pour faire trembler ses sujets, doivent sans cesse porter la défiance chez ses voisins. S'il a d'ailleurs à redouter des rivaux, il faut qu'il les éloigne, en leur cherchant des ennemis à combattre ; s'il veut calmer le mécontentement du peuple, il doit le distraire, et porter toutes les passions turbulentes à la frontière ; la guerre est nécessaire au maintien d'une usurpation récente ; l'usurpateur, sur-tout lorsqu'il doit son pouvoir à la force militaire, ne peut donc offrir aucune garantie pour les traités, et personne ne doit être disposé à faire la paix avec un homme qui a toujours la main sur la garde de son épée.

La voie des négociations n'a point réussi à Bonaparte ; aussi dit-il aujourd'hui à ses soldats, que la paix est dans la victoire. Mais cette route est plus difficile à suivre que jamais. Il suffit pour s'en convaincre, de jetter un coup-d'œil sur nos armées. Des lambeaux de vêtemens couvrent à peine ceux qui se sont tant de fois couverts de gloire. Les vainqueurs du monde sont obligés de demander l'aumône ; ils manquent des choses les plus nécessaires à la vie, et le général Lecourbe n'a pu donner que des coups de sabre aux soldats qui lui demandoient du pain. Le trésor public est vide, et les fournisseurs se retirent parce qu'on n'a plus d'argent à leur donner, pour les dédommager de la honte dont on les couvre. Si nous avons des revers dans la campagne qui va s'ouvrir, je ne sais pas comment on nourrira nos armées, à moins qu'on ne leur conseille de manger de l'*anglois*, comme le compère Mathieu dans les déserts de la Sibérie. Au milieu de cette détresse, les défenseurs de la patrie regardent derrière eux ; ils sont peu disposés à suivre le chemin accoutumé de la victoire ; la froide réflexion a pris la place de l'enthousiasme ; car rien ne calme les esprits et ne les dispose à réfléchir comme la misère. En ouvrant la campagne d'Italie, Bonaparte dit à ses soldats, vous n'avez ni munitions ni vêtemens, nous en trouverons au-delà des Appenins; mais l'Italie et toutes les contrées accessibles à nos armes sont ravagées. Nous n'y avons laissé que la haine du nom français et le souvenir de notre révolution.

Nos soldats n'y trouveront ni les habits qu'on leur promet, ni les munitions qui leur manquent. Ils alloient autrefois au combat en criant : *vive la république !* c'est pour la république qu'ils supportoient les rigueurs des saisons, les fatigues de la guerre, la faim, la soif, la mort ; mais aujourd'hui pourquoi souffriront-ils, pour qui se battront-ils ? Je crains bien que ceux qui ont répandu leur sang pour la *liberté*, n'en aient plus à répandre pour Bonaparte.

Les conscrits s'obstinent à ne point rejoindre l'armée, et ils préfèrent la vie errante des forêts, à la misère qui les attend dans les camps. Les soldats désertent en foule en Italie et au Rhin ; et ce qu'il y a de plus malheureux pour la république, c'est qu'en désertant sa cause, ils sont obligés de chercher un asyle parmi ses ennemis ; un soldat qui fuit et qui est souvent forcé de défendre sa vie contre le parti qu'il abandonne, doit nécessairement grossir le nombre des mécontens, et le jour même où il quitte les bannières du gouvernement, il n'a plus qu'à suivre les drapeaux de ceux qui dans l'intérieur n'ont pas renoncé au projet de le renverser.

On a beaucoup vanté l'enthousiasme de la jeunesse parisienne, qui, dit-on, s'enrôle sous les drapeaux de Bonaparte : la vérité est qu'il ne s'est enrôlé dans le bataillon du premier consul que 75 volontaires. Le gouvernement en a fait grand bruit, et on les a montrés au public, comme font les oiseleurs qui mettent en vue les oiseaux qu'ils ont pris, pour attirer les autres dans leurs pièges. En vain le général Dumas a ressuscité l'éloquence des recruteurs du quai de la Ferraille, sa voix n'a retenti que dans les journaux ; la plupart de ceux qui protestent de leur dévouement à Bonaparte, ne le font que parce qu'ils sont persuadés qu'on fera la paix, et qu'ils espèrent obtenir des radiations ou des places. Quand la campagne s'ouvre, il faut des hommes déterminés à mourir, mais Bonaparte n'a sous ses bannières que des gens qui veulent vivre ; ils manqueront à leurs engagemens aussitôt que le gouvernement manquera à ses promesses, et qu'on voudra sérieusement diriger vers la guerre l'enthousiasme qu'ils ont pour la paix.

Bonaparte d'ailleurs est-il bien sûr que les généraux serviront de bonne foi leur ancien camarade qui est devenu leur maître, et qu'ils se décideront à faire des conquêtes dont il profitera lui seul? Ils ne doivent pas ignorer que chacune de leurs victoires ne fera qu'augmenter le pouvoir du premier consul, et que plus ils se couvriront de gloire sur le champ de bataille, plus ils l'élèveront au-dessus d'eux dans la république. Déja même les compagnons de sa fortune, ceux qui l'ont suivi dans ses campagnes les plus glorieuses, manifestent leur mécontentement de la manière la plus prononcée, et (1) refusent de s'associer à ses nouveaux plans de guerre.

Bonaparte connoît sa situation critique ; il

----

(1) Les généraux Bernadote et Macdonal ont refusé de servir dans les armées de Bonaparte; leur refus est accompagné de circonstances qui ne permettent plus de douter de leur opposition au gouvernement actuel.

sait que sa renommée, son crédit, son pouvoir dépendent d'une bataille, et qu'un coup de canon tiré à la frontière peut renverser au sein de Paris, ce vain échaffaudage de puissance et de grandeur. Aussi veut-il sincèrement la paix : je suppose un moment qu'il vienne à bout de nous la donner. Comme on accueille sans examen les choses qu'on desire ardemment, on la recevra à-peu-près comme on a reçu la liberté, sans savoir si elle est fondée sur des principes qui nous en assurent la jouissance. Mais ce n'est pas seulement la paix que nous devons desirer, c'est une paix sage, une paix durable, qui répare les malheurs de la révolution, et que nous puissions transmettre à nos enfans comme un héritage sacré. Ce n'est point dans l'intrigue des négociations qu'il faut la chercher; on ne la trouve point au milieu des fureurs de la victoire. Le directoire a signé la paix de Léoben; que nous reste-t-il de cette paix que nos soldats avoient payée de leur sang, et que la France éplorée attendoit depuis six ans ?

L'Europe faisoit la guerre aux principes de notre révolution, bien plus qu'à la nation. La paix que nous ferons avec les étrangers, dépend essentiellement de celle que nous ferons avec nous-mêmes ; les moindtes symptômes de révolution, armeront toujours l'Europe contre nous ; non pas sans doute par l'intérêt que les rois prennent à notre tranquillité, mais par la crainte de voir troubler la leur ; et tel doit être aujourd'hui le but nécessaire de la politique des cabinets, tel est l'intérêt des souverains coalisés, que la France aura à craindre pour ses frontières, toutes les fois qu'elle aura de justes alarmes sur les principes de son gouvernement. Nos relations avec les autres états tiennent donc à un retour sincère à la modération et à la justice, qui sont les bases fondamentales de tout ordre et de tout équilibre social ; tant que nous aurons un gouvernement qui n'en fera pas prévaloir les maximes protectrices, la république ne sera pour les étrangers qu'un vaste lazaret avec lequel on doit rompre toute communication. Bonaparte s'est annoncé, il est vrai, avec des principes de modération auxquels tout le monde a applaudi ; mais il n'est pas le maître de les suivre toujours. Il s'est placé dans la dépendance des événemens ; il sera forcé d'obéir aux circonstances bien plus qu'à son propre caractère. La mort de Toustaint et de Frotté doit nous faire trembler pour l'avenir; il n'est que trop à craindre que celui qui a fait verser le sang d'un enfant et d'un ennemi désarmé, lorsque son ambition ne trouvoit point d'obstacles, n'en fasse verser par torrent, lorsque des événemens fâcheux porteront l'alarme dans son conseil. La guerre n'est pas le seul motif qui puisse exposer la France aux rigueurs d'un nouveau gouvernement : il suffit d'examiner la position de Bonaparte, pour voir qu'il aura souvent besoin de la violence pour appuyer son autorité. Le sentiment de droits personnels, les prétentions des partis et les anciens préjugés sont autant de barrières qui arrêtent dans sa marche une usurpation nouvelle. Si elle n'attend pas que le tems les ébranle, il faut qu'elle les renverse de vive force , et l'humanité doit souffrir à chaque nouvel essai du pouvoir. Quels sont les principes qui dirigent la conduite d'un usurpateur, dans le choix des mesures propres à établir son gouvernement , une fausse idée de son propre intérêt et le desir qu'il éprouve en toute circonstance d'écarter tout ce qui fait obstacle à ses volontés. L'exercice d'un pouvoir inattendu et auquel il n'est point appelé, doit nécessairement le rendre jaloux, ombrageux et cruel. Quiconque prétend à se faire remarquer, ou veut agir par lui-même, est un rival qu'il faut éloigner ; quiconque hasarde des raisons ou des remontrances contraires aux projets adoptés, est un ennemi qu'il faut accabler ; quiconque se permet la critique ou la censure, est un conspirateur dont il faut se défaire. L'usurpateur ne veut souffrir dans l'état de dignité que celle qui vient de lui, ni de pouvoir que celui qui porte l'expression de sa fantaisie du moment. Lorsque ses décrets seront justes, ils ne trouveront point d'opposition ; lorsqu'ils seront injustes et mal imaginés, la force les fera passer. *Il faut que vous mourriez*, fut la réponse d'Octave aux instances d'un peuple qui imploroit sa clémence. Ce sera celle de tous les usurpateurs dont l'autorité sera menacée. Telle est la marche invariable d'un gouvernement qui n'a ni dans les opinions du peuple, ni dans les principes qui le constituent, aucun garant de sa durée ; il faut qu'il répande du sang pour se faire

D

craindre ; il (1) faut qu'il en répande ensuite pour étouffer la vengeance et pour faire taire la haine

On devoit s'attendre à ne pas trouver la paix sous le régime de la liberté républicaine ; nous ne la trouverons pas davantage sous le despotisme d'un consul dictateur. Le despotisme, malgré tout ce qu'on en a dit, est un gouvernement turbulent, et il ne donne pas toujours la paix des tombeaux ; le gouvernement despotique n'a point de principes fixes ; il ressemble parfaitement en cela à la démocra-

---

(1) Je sais qu'on aura de la peine à se persuader qu'on puisse jamais en venir là. Dans les jours de calme on ne prévoit point l'orage. Accoutumés à vivre au jour le jour, nous ne jugeons les événemens et les hommes que d'après les données du moment, sans prévoir que des circonstances nouvelles doivent nécessairement amener une nouvelle politique. On sait que les hommes ne sont pas cruels naturellement, et qu'ils ne répandent pas le sang sans y voir une utilité pour les autres ou pour eux-mêmes. Roberspierre n'étoit féroce que parce qu'il redoutoit ses adversaires ; s'il n'avoit point cru rencontrer d'obstacles dans le cours de sa tyrannie, il auroit été un homme fort tolérant et fort modéré. Tout le monde sait que Néron eut deux ans les vertus de Titus, et qu'il

tie ; aussi avons-nous passé de l'un à l'autre sans nous en appercevoir. Nous sommes tout-à-coup tombés de la république dans le bas-empire ; cet empire, dit Montesquieu, qui ne pouvoit subsister sans les soldats et qui ne pouvoit subsister avec eux. Ce seroit envain que Bonaparte seroit un Auguste, un Antonin ; ses compagnons d'armes ne seront que trop disposés à troubler l'exercice d'une autorité qui est leur propre ouvrage ; des hommes qui depuis dix ans n'ont d'autre profession que la

---

régrettoit de savoir écrire, quand il lui falloit signer un arrêt de mort. Mais, dans les révolutions qui ébranlent les empires, et dans les crises du despotisme, tout rentre dans le cahos de l'état de nature, et chacun se croit obligé de défendre sa proie avec les armes qui sont sous sa main ; il faut même moins s'en prendre aux hommes qu'au désordre où se trouvent alors les sociétés. La plupart des Français sont bien persuadés de la vérité de ces observations, aussi ils redoutent autant qu'ils désirent l'avenir, et ce qui doit donner à l'observateur une idée de notre situation actuelle, c'est ce mélange de crainte et d'espérance, d'inquiétude et de sécurité, qui caractérise aujourd'hui l'esprit de la nation.

D 2

guerre, qui ne connoissent d'autre justice que celle du vainqueur, et qui n'ont d'autre fortune que leurs baïonnettes, doivent sans cesse faire trembler le gouvernement, qui sera souvent obligé de transiger avec eux, et d'abandonner les citoyens aux violences des jannissaires. Les baïonnettes ont fait l'essai de leur force à Saint-Cloud ; elles ne s'en tiendront pas là : il n'est que trop à craindre que l'exemple même de Bonaparte n'encourage ses rivaux, et que le gouvernement, abandonné par la force morale, ne soit tout-à-fait livré à la force militaire. Que deviendroient les républicains eux-mêmes, au milieu d'une révolution nouvelle où les cartouches remplaceroient les droits de l'homme, et qui changeroit le sanctuaire des loix en parc d'artillerie ; après avoir été si long-tems la proie des factieux tribuns, il ne manque plus à la France que d'être tour-à-tour ravagée par les soldats du Prétoire et par les successeurs d'Alexandre : les troupes qui se rendent à l'armée de réserve, ont déjà semé l'alarme dans tous les départemens voisins. O Français ! ne pleurez plus sur vos malheurs passés, gardez vos larmes pour ceux qui vous restent à souffrir.

On dit que Bonaparte a le projet d'éloigner
les jacobins ; mais il sera forcé de les rappeller,
quand les circonstances deviendront pour lui
plus difficiles. Il a plusieurs fois manifesté sa
haine pour leurs principes, mais je ne crois
pas qu'il soit tout-à-fait de bonne-foi dans son
antipathie pour un système qui l'a placé sur le
trône ; il gagne trop à la révolution, pour ne
pas la chérir au moins par reconnoissance ; il
sait fort bien que s'il favorisoit trop la haine
pour les idées révolutionnaires, on ouvriroit
les yeux sur ses droits à l'empire, et si l'opinion
se dirigeoit toute entière contre les jacobins,
on finiroit par songer à lui. Aussi a-t-il con-
servé de la république, les formes qui sont
depuis long-tems en possession de nous effrayer ; il est à croire aussi qu'il n'éloignera
pas de lui pour long-tems les hommes qui
ont préparé sa puissance par leurs principes,
et qui doivent la maintenir encore par la peur.

Une des grandes erreurs de Bonaparte, c'est
d'avoir heurté d'abord de front les idées révolutionnaires, sans avoir pris les moyens de se
mettre pour jamais à l'abri de leur influence
toujours vivante. Le monstre qu'il a vaincu au

18 brumaire, n'est pas mort; il est encore à ses côtés; il mesure d'un œil menaçant le trône où il s'est élevé. Du milieu de la démocratie dépravée, du sein de l'anarchie et de la confusion, l'usurpateur monte au faîte du pouvoir; mais l'autorité illégitime qu'il exerce, les excès de sa puissance, les erreurs de son administration réveillent bientôt dans les cœurs la vengeance et la révolte. Les menaces du despotisme peuvent contenir un moment les factions consternées; mais les cris de désolation, qui, dans le cours d'un gouvernement militaire, épouvantent les sujets au fond de leurs retraites, s'élèvent, s'accroissent et vont retentir jusques sous les voûtes du palais, à travers les portes et les grilles de fer du serrail; sur un théâtre ensanglanté, et à travers les horreurs d'une confusion nouvelle, on voit renaître la démocratie. La nation ainsi gouvernée, est condamnée au supplice de Sisiphe, et elle est tour-à-tour accablée par le despotisme et désolée par l'anarchie. C'est en vain que Bonaparte flattera ou épouvantera les jacobins, l'expérience a prouvé qu'on ne remonte pas impunément le torrent des révolutions, à moins qu'on ne ferme tout à fait l'abîme, et qu'on n'oppose aux

principes destructeurs, une insurmontable barrière, en rétablissant un gouvernement intéressé à les détruire. Une révolution comme la nôtre, n'est autre chose qu'un vaste désordre, un ébranlement général dans les principes de la morale et de la politique ; si vous en avez profité, si vous transigez pour ce qui vous concerne avec ce fléau des sociétés, il en restera toujours assez pour vous renverser, sans même que vous soyez en droit de réclamer contre ses débordemens ; il n'y a que la justice qui puisse élever la voix contre l'iniquité, et si une institution humaine peut jamais arrêter ce torrent d'abus sanglans et de vexations cruelles, qu'on nomme révolution, ce ne peut être qu'une institution légitime.

Le projet de Bonaparte est, dit-on, de rappeler un grand nombre d'émigrés ; mais la manière dont on a formé la commission qui doit décider du sort de tant de victimes, n'a pas prouvé d'abord que les intentions du gouvernement, à cet égard, fussent bien sincères. On parle d'ailleurs de les rappeler, mais il n'est pas question de leur rendre leurs propriétés. Viendront-ils languir comme le pauvre Lazare, à la porte du mauvais riche qui a acheté leurs biens ? Il semble de plus

que ce soit au prix de l'honneur qu'on leur
accorde la vie, et qu'on veuille en faire des
ilotes avant d'en faire des citoyens. Je crois
entendre le gouvernement leur adresser ces
paroles : « Nous consentons à vous rappeler ;
» mais avant de rentrer parmi nous, il faut
» que vous applaudissiez à tout ce qu'on a
» fait en votre absence ; il faut que vous con-
» veniez que nous avons bien fait de vous
» traiter comme des criminels, que nous avons
» eu raison de vous dépouiller, de brûler
» vos châteaux, d'égorger vos femmes et de
» déshériter vos enfans. Nous vous rappellons ;
» mais il faut que vous mainteniez avec nous
» les résultats de la révolution ; que vous
» vous armiez pour défendre les principes que
» vous avez combattus, et que vous veilliez
» avec nous à la sûreté de ceux qui ont
» emprisonné vos familles et qui retiennent
» le champ de vos pères. » Voilà ce que le
gouvernement semble dire aux émigrés ; mais
telle est l'impatience de voir finir de longs
malheurs, tel est le desir de revoir le sol
qui nous a vu naître, qu'ils (1) se confient

____

(1) Je ne parle point ici des femmes, des enfans
et des vieillards.

aux promesses qu'on leur fait. Ils ne songent pas que le gouvernement qui les rappelle aujourd'hui, ne peut pas garantir leur sûreté pour demain. Ils ne savent pas que la faveur qu'on obtient dans un parti, est un titre de persécution dans un autre, et que ceux qui ont suivi Marius ne manqueront pas d'être un jour proscrits par Sylla.

J'ai prouvé jusqu'à présent qu'il n'y avoit point de sûreté pour nous avec le gouverment actuel ; il me sera plus facile encore de prouver qu'il n'a pas de motif de sécurité pour ses amis ni pour lui - même : en effet, plus on l'examine, plus on cherche à se convaincre de sa solidité ; plus on apperçoit les causes de sa décadence, et plus on a de motif de douter de sa durée. Quel est le principe sur lequel il repose ? J'éloigne un moment l'idée de la crainte qui est le mobile de tous les gouvernemens nouveaux, et pour ne pas toujours rappeler des idées tragiques, je ferai reposer notre gouvernement sur l'espérance d'un meilleur avenir. C'est en effet l'espérance qui rattache aujourd'hui un grand nombre de Français à Bonaparte ; mais on sait combien cette base est fragile : je plains les peuples qui n'ont d'autre garantie de leur félicité. Je trouve déja dans notre gouvernement naissant tous les vices qui ont amené la chûte de la monarchie française, mais aucune des idées, aucun des principes qui veillent encore à la conservation des vieux états : c'est toujours la même perversité dans les mœurs, le même relâchement dans l'esprit public, le même égoïsme dans les citoyens, le désordre est à son comble dans les finances ; mais je ne vois nulle part, pour défendre le gouvernement nouveau ce respect pour les usages, cette force d'habitude qui nous fait respecter les choses même que nous n'approuvons point, et les préjugés qui regnent encore sur le peuple, tandis que les loix ont perdu leur ascendant. Mais, me dira un philosophe, on ne conserve rien avec les préjugés. Je répondrai que c'est là une des erreurs les plus funestes de la philosophie : le plus grand des préjugés, à mon avis, c'est de croire qu'un état où l'on n'en a point puisse exister long-tems. Les préjugés d'ailleurs ne sont pas toujours des erreurs ; ce sont souvent des jugemens convenus sur un point que tous les hommes n'ont pas le tems d'approfondir ; ce sont des opinions qu'on reçoit d'une autorité qu'on révère, et qui sont, pour ainsi dire, comme des vérités qui viennent d'en haut. Dans un état où il n'y a point de préjugés, il n'y a rien de fixe, rien de positif, point de cette force morale qui réunit les opinions, point de cette magie qui doit environner le pouvoir ; chacun se trouve autorisé à discuter la loi avant d'y obéir, et de scruter les actes de l'autorité avant de s'y soumettre ; tout le monde raisonne sur les personnes et sur les choses, et chez un peuple où tout le monde raisonne, on ne respecte rien. Le monde moral se divise en sectes, la société se partage en factions. C'est une révolution éternelle dans l'état et dans les moeurs. C'est ainsi qu'ont péri les républiques grecques ; ainsi périra la nôtre. Les baïonnnettes peuvent suppléer un moment au défaut d'illusions politiques ; mais elles ne sauroient faire naître le respect, ni l'amour, ni la confiance, qui seuls peuvent assurer la durée d'un empire. Voyez le peuple juif, dont les débris dispersés forment encore une nation au milieu même des autres nations, il le doit à ses antiques préjugés. Les illusions monarchiques subsistent encore parmi nous , et si la monarchie a survécu dans les esprits à la chûte du trône, elle le doit aux préjugés qui ont si long-tems lutté contre sa ruine. On a détruit la noblesse, mais le peuple ne peut pas se defendre de ce respect qu'inspire une ancienne institution, et le partisan le plus déterminé de l'égalité regarde un ci-devant prince d'un autre oeil qu'il ne regarde un simple citoyen. Non-seulement le gouvernement actuel n'a point de préjugés qui puissent le défendre, mais il a contre lui tous ceux qu'il n'a pu détruire : après dix ans les illusions monarchiques nous reportent encore vers la monarchie, tandis que les trois constitutions républicaines que nous avons vu tomber, ne nous ont pas même laissé un souvenir. Le gouvernement actuel succomberoit aujourd'hui, que personne ne s'en étonneroit ; cependant on ne peut pas concevoir encore comment on a détruit la royauté : on s'accoutume à l'idée de voir renverser ce qu'on a vu s'élever, mais on respecte toujours ce qu'on a vu dès l'enfance ; on révére éternellement une institution dont l'idée s'est mêlée à nos premiers sentimens, et qui s'est pour ainsi dire fondue dans toutes

nos affections et dans toutes nos pensées. On
m'objectera l'exemple de Cromwell; mais
Cromwel , pour s'élever à sa domination
passagère , avoit respecté au moins quelques-
uns des préjugés de son pays ; il avoit d'ailleurs pour lui le prestige des idées religieuses.
Bonaparte néglige d'employer cette force morale qui a survécu à la révolution , et qui est
éternelle , qui est puissante comme la divinité
sur laquelle elle repose. Il est vrai qu'il a ordonné une pompe funèbre pour Pie VI ; on
sait tout le plaisir que doit avoir un philosophe,
d'enterrer un pape ; il ne devoit pas en manquer l'occasion ; mais on a lu son arrêté sur
Pie VI, comme on lisoit ses invocations à Ma-
homet. Il y a loin de ce respect pour les ca-
davres , à la protection qu'il doit à la religion
de son pays , à cette religion qui fait respecter
les institutions humaines et qui donne la vie
aux empires.

Le gouvernement consulaire n'est suppor-
table aujourd'hui pour les Français, que parce
qu'ils ont encore le régime directorial sous les
yeux. La haine qu'on a pour les jacobins, fait
la moitié de l'amour qu'on a pour Bonaparte;

lorsqu’on connoîtra mieux leur impuissance,
lorsque les souvenirs s’affoibliront, on sentira
davantage l’usurpation. Il est si facile d’être
grand après Merlin, de paroître juste et généreux après Larevellière; mais à mesure qu’on
perdra de vue le point de comparaison, Bonaparte perdra de son crédit qu’il ne doit
qu’au parallèle. Le plus beau jour après la
tyrannie, dit Tacite, c’est le premier : Bonaparte n’eut qu’un beau jour, c’est le lendemain du 18 brumaire. Tallien, Legendre,
Barras lui-même furent aussi des dieux pour
la France, après le 9 thermidor ; mais le
peuple brisa leurs autels, quand il eut oublié Roberspierre. La France est dans la situation d’un homme que le naufrage a jetté
sur un rocher désert ; l’aspect des horreurs qui
l’environnent, l’impression toute récente des
dangers qu’il a courus, lui font rendre grâce
au ciel, et il bénit le stérile rocher qui
lui sert d’asyle ; mais, lorsque la lumière vient
éclairer une mer plus calme, s’il découvre
loin de lui une terre habitée, ses voeux fran-
chissent la distance qui l’en sépare, son nouveau séjour devient affreux pour lui; et dans

l'impatience de le quitter, il s'abandonne aux premiers vents.

Quel charme en effet pourroit retenir les Français attachés à un gouvernement qu'une précoce caducité a surpris à son berceau, et qui menace chaque jour ceux qui vont y chercher un asyle, de les ensévelir sous ses ruines. On n'y a vu jusqu'à ce jour qu'un mélange d'élémens qui se détruisent, et d'intérêts qui se croisent ; j'y vois d'un côté un roi qui est obligé de déclarer une guerre à mort aux royalistes ; de l'autre une république qui a besoin, pour se consolider, de renoncer aux principes répulicains : j'y vois une autorité qui ne peut se soutenir sans les idées révolutionnaires, et qui est toujours prête à périr par elles ; je n'y vois qu'une contradiction perpétuelle, qu'un amalgame monstrueux, et si on lui a laissé le nom de république, c'est qu'on eut été fort embarrassé de lui en donner un autre.

Le conseil est devenu le rendez-vous des factions les plus contraires, comme la législation est devenue celui des principes les plus opposés. Chaque parti cherche à attirer le pouvoir à lui, et les systèmes extrêmes arrachent sans cesse le gouvernement du centre.

Lorsque le premier consul se dirige vers un (1) point, ses agens se dirigent vers un autre. Les circulaires du ministère de la police sont contredites par celles du ministère de l'intérieur ; chacun explique la loi à sa manière, et gouverne selon son opinion ; les royalistes défont ce qu'ont fait les républicains, et les républicains s'occupent sans cesse de détruire l'ouvrage des royalistes. Il semble que l'anarchie qui a si long-tems agité le peuple, ait passé toute entière parmi ceux qui gouvernent, On renonce, il est vrai, au systême des contrepoids, mais nous n'y avons rien gagné ; le gouvernement ne nous offre plus l'image d'une bascule, mais l'image plus alarmante d'un champ de bataille. Ceux que leur salut devroit rapprocher, se divisent ; le frère même n'est pas uni avec son frère ; la plupart des ministères sont devenus des atteliers de sédition ; le gou-

____

(1) Bonaparte a proclamé la liberté des cultes, mais ses agens se sont empressés de le démentir par leurs circulaires, de manière que les choses en sont encore à cet égard au point où elles étoient sous le directoire. Ceux qui douteroient encore de l'esprit de contradiction qui divise les chefs du gouvernement, n'ont qu'à lire les arrêtés du consulat et les lettres de Fouché sur les émigrés.

vernement qui devroit être rassuré sur les conspirations des citoyens, par la certitude où ils sont, qu'il conspire contre lui-même, n'en fait pas moins arrêter des conspirateurs, comme le directoire ; et depuis l'antre où s'assemblent les jacobins, jusqu'au conseil de Bonaparte, tout semble respirer la haîne, tout paroît (1) rempli de ses ennemis.

____

(1) On a jetté un voile sur la conspiration *ministérielle* et sur les intrigues *fraternelles* dirigées contre le gouvernement ; dans un moment où l'autorité nouvelle fait parade de sa force, il est tout simple qu'elle cache une conspiration qui mettroit le public dans la confidence de sa foiblesse. Rœderer a cru servir le gouvernement en disant dans le *journal de Paris* qu'on ne conspire pas ; mais sa réfutation est maladroite. On lui répond : si la conspiration est réelle, et si vous en imposez au public, nous croirons que le gouvernement est menacé ; si la conspiration est imaginaire, comme vous le prétendez, le gouvernement est encore menacé, car la facilité avec laquelle on a cru à la conspiration, prouvé que l'opinion ne l'a pas jugé inexpugnable, et qu'on n'a pas une grande idée de sa force. Du reste, on jugera le gouvernement à la terrible épreuve que doit en faire la révolution et la guerre ; c'est une coquette qui met du rouge, pour cacher les symptômes de sa langueur ; mais il suffira de la voir marcher.

E

C'est en vain qu'on a voulu réunir toutes les affections, en réunissant dans l'autorité tous les partis. Après une révolution comme la nôtre, on ne fait attention qu'à ceux que l'on craint, et l'esprit de faction n'a laissé des yeux qu'à la haine. Les royalistes n'apperçoivent que Lamarque et Fouché, et les jacobins ne voyent que Barthélemy. En croyant se concilier toutes les factions, Bonaparte ne fait que les aigrir contre lui. Les uns l'accusent de s'être emparé de l'autorité des rois, les autres lui reprocheront éternellement d'avoir usurpé l'autorité républicaine. Il marche toujours entre les malédictions et les poignards.

Mais si les élémens secondaires de notre gouvernement doivent nous donner de justes alarmes, le principe essentiel et nécessaire sur lequel il repose, n'est pas plus rassurant ; c'est un seul homme qui en est le mobile et le centre. Toute la république roule sur Bonaparte. Sa volonté est devenue notre pacte social ; ses moindres fantaisies sont des lois de l'état, et la grande nation, si l'on peut s'exprimer ainsi, est toute entière dans le grand homme. Je suis si persuadé de cette vérité, que je m'informe tous les jours, avec une sorte d'inquiétude, de la santé chancelante de Bonaparte ; toutes les fois

qu'il se porte bien , il me semble voir prospérer
la république; toutes les fois qu'il a la migraine ,
il me semble que la république ait la migraine.
Lorsqu'il monte à cheval , je crois voir la république monter en croupe et galoper avec
lui. Quand Bonaparte ira à Dijon, la république quittera Paris , et si les idées se déran
gent dans la tête du grand consul, la république ne présentera plus que l'image du cahos.
J'ai souvent cherché à me rassurer sur la solidité d'un pareil gouvernement , et je n'ai pas
encore pu découvrir quelle garantie peut offrir
à la France et à l'Europe, une république qui
dépend d'une mauvaise digestion , d'une at-
taque d'appoplexie , d'une goutte de sang extra-
vasé, d'un accès de fièvre chaude (1). Si cette

____

(1) On m'objecte que c'est la même chose sous la
monarchie ; mais je ne parle que de la monarchie
héréditaire , où le *chef ne meurt jamais* , et qui est
bien plus propre à assurer la tranquillité des peuples
que l'autorité élective; chaque déplacement de l'autorité suprême est une révolution , et l'on est toujours à la veille d'une révolution nouvelle sous un
gouvernement où chaque chef doit se faire élire.
Dans le bas-empire , on compte dans l'espace de
160 ans 170 empereurs, par conséquent près de
170 révolutions dans l'état; car l'autorité passoit

république , transformée en un seul homme , venoit un beau matin à nous manquer , je ne sais pas trop ce qu'elle laisseroit après elle. Si

---

rarement sans secousses des mains d'un empereur à celles de son successeur qui n'étoit point appelé par la loi, et qui n'étoit souvent porté à l'empire que par la brigue ou par la force. Dans l'espace de treize siècles, la France n'a eu que 65 rois ; leur avénement n'a presque jamais été précédé d'aucun trouble, parce que la loi de la naissance d'accord avec la loi de l'état, (excepté cependant dans les changemens de dynastie) avoit réglé leurs droits à la couronne, et prévenu les constestations qui dégénèrent presque toujours en guerre civile, lorsqu'il s'agit d'un empire. Il faut conclure delà que c'est la monarchie héréditaire qui peut seule réparer les maux que les élections populaires ont faits parmi nous, et prévenir les désordres dont nous sommes encore menacés par les élections faites au milieu des camps. C'est la monarchie française qui doit rassurer la France et l'Europe; cette vérité a été proclamée long-tems avant moi, par un écrivain estime de tous les partis, et qui est aujourd'hui membre du sénat conservateur. « *Ah! si un seul homme,* dit-il, *peut être sur la terre l'espoir du genre humain, c'est un roi de France. Il règne sur son peuple par l'affection , la France sur l'Europe par ses mœurs, l'Europe sur le reste du monde, par la puissance.* » (Etudes de la Nature, fin du 3ᵉ. vol.)

on se rappelle avec horreur ce qui l'a précédée, on envisage avec effroi ce qui doit la suivre. Elle a dû une grande partie de son crédit jusqu'à ce jour, aux souvenirs amers du passé ; elle doit aujourd'hui son existence à la crainte de l'avenir. Je voudrois savoir ce qui se passoit dans la tete des grenouilles, à qui Jupin avoit envoyé une grue pour les gouverner. Cette découverte m'expliqueroit peut-être l'opinion actuelle des Français, sur leur premier consul. Pour détruire l'attachement passager qu'on a pour la république; et pour briser à jamais dans l'opinion le sceptre de Bonaparte, il suffiroit de guérir la nation de la maladie presque incurable de la peur, et de faire briller à ses yeux l'aurore prophétique de la félicité, sur les débris du gouvernement actuel.

On nous dit, pour nous rassurer, que le gouvernement repose sur les exploits de Bonaparte, et qu'il a pour base la magie de la gloire. Mais, qu'est-ce que cette magie, chez un peuple inquiet, raisonneur, et qu'on veut à toute force rendre philosophe ? La philosophie n'a point d'illusion ; l'admiration n'est à ses yeux qu'un sentiment stupide, et la gloire n'est pour elle qu'un mot sonore. Chez un

peuple philosophe, les réputations les plus ro-
bustes ne résistent pas long tems à la froide
analyse, et les lauriers les plus brillans de-
viennent des roseaux dans les mains de celui
qui veut en faire l'unique appui de son autorité. Comment, en effet, un homme pour-
roit-il se soutenir par l'éclat de son nom,
lorsque la monarchie n'a pu être défendue par
l'éclat de ses nombreux triomphes et par l'admiration de quatorze siècles. Au reste, Bonaparte sait mieux qu'un autre, apprécier cette
magie de gloire, et les troupes nombreuses
dont il s'environne, prouvent assez qu'il ne
compte pas beaucoup sur le charme de ses
trophées.

Au moins si cette magie de gloire se répan-
doit sur ceux qui l'environnent ; mais c'est un
astre qui brille tout seul parmi des corps téné-
breux. Les agens du gouvernement n'ont pas
plus de considération que sous le directoire ;
les tribuns ne sont pas plus révérés que les représentans; et quand on parle d'un fonctionnaire public estimé, on est toujours obligé, pour effa-
cer l'impression que fait naître l'idée de la place
qu'il occupe, d'ajouter par forme de correctif,
qu'il est honnête homme. Le costume pompeux
des conseillers d'état n'empêche point que le

public ne rie de leurs *excellences*, et j'ai vu des *feld-maréchaux* de l'*empereur* regretter leur grade de sergent sous la monarchie. En recherchant un emploi, on ne voit que l'argent qu'on en peut tirer. Les honneurs que prodigue le grand consul n'honorent personne; on ne loue point ce qu'il approuve, on ne suit point les exemples qu'il donne. En un mot, le gouvernement actuel n'a point d'empire sur l'opinion, et la gloire de Bonaparte est un mobile impuissant.

Ce qui prouve évidemment que l'opinion est contre le gouvernement, c'est le soin extrême qu'il met à la comprimer. On craint sans cesse que la vérité en secouant ses fers, ne réveille les esprits assoupis. Quatre ou cinq mille agens de la police sont nuit et jour occupés à épier la pensée des citoyens. Quelqu'un a dit que le meilleur des gouvernemens étoit celui auquel on ne songeoit pas ; mais malheureusement l'inquisition qu'on exerce autour de nous, nous rappelle sans cesse celui que nous avons, et tous les jours nous avons besoin d'y songer, pour nous en défendre.

Bonaparte qui n'a pu faire triompher son gouvernement par l'opinion, s'est adressé à l'oracle des Français, à la divinité qui consacre la forme des perruques et des habits. Il a essayé de mettre ses lois à la mode, et il a cherché à éblouir par l'éclat du luxe ; mais nous étions trop près encore du tems où l'autorité avoit besoin de se populariser sous les haillons, et l'on s'est étonné de voir le gouvernement passer si subitement du tonneau de Diogène dans le palais des rois. Le spectacle de la magnificence faisoit d'ailleurs un contraste trop douloureux avec la misère publique, et les étriers d'or de Bonaparte ne sauroient éblouir le rentier qui n'a plus de pain à donner à sa famille : il est encore une chose à remarquer, c'est que depuis que les richesses de la France sont tombées entre les mains des agioteurs et des parvenus, elles sont presque déconsiderées ; la fortune a perdu une partie de ses attraits dans les bras de ses nouveaux favoris ; et l'éclat de l'or ne défendra pas plus le gouvernement que l'éclat d'une gloire qui lui est étrangère.

Depuis quelque tems on parle beaucoup de la gloire. Quoique nous soyons d'assez mauvais juges sur cette matière, je hasarderai de donner ici mon avis. Il est vrai que Bonaparte a obtenu sur le champ de bataille des succès brillans ; mais les succès, dit un des oracles de la sagesse moderne, font la réputation et non pas la gloire. Qu'un homme s'élève au sommet de la fortune, c'est un phénomène que le vulgaire contemple avec admiration ; mais le sage n'est point ébloui ; il découvre les taches de ce prétendu corps lumineux, et son éclat n'est qu'un phosphore passager. Un grand homme, un homme né pour la gloire, est celui qui a toujours un objet illustre dans sa conduite, et qui y rapporte ses plus nobles affections, les plus belles actions de sa vie. La vie d'un grand homme est en quelque sorte comme un drame représenté devant les nations attentives. Pour que l'ouvrage soit digne d'admiration, pour qu'il passe à la postérité, il ne suffit pas d'y trouver de belles scènes, des développemens heureux, il faut que tout tende au dénouement, que tout s'y rapporte au but principal, et qu'il intéresse sur-tout par son ensemble. Un homme peut faire des actions éclatantes, mais s'il n'a pas un but déterminé, sa gloire est l'ouvrage de la fortune et non de son propre génie ; c'est un illustre avanturier, mais non pas un héros Il ne faut pas seulement voir les actions d'un prince, d'un ministre, d'un général, pour connoître leur gloire, il faut embrasser d'un coup d'œil toute leur vie politique. Aussi la postérité seule peut proclamer le nom d'un héros, et ce n'est que dans son oraison funèbre qu'on peut annoncer au monde qu'il est un grand homme. La France inquiète ne sait point encore quelle est la fin vers laquelle Bonaparte dirige ses actions ; on ne peut donc apprécier les moyens qu'il a employés et qu'il emploie pour y parvenir. Nous ne pouvons donc connoître ni son mérite ni sa gloire. Quand nous connoîtrons bien les ennemis qu'il combat, nous pourrons apprécier son courage, nous jugerons de sa fermeté, d'après la connoissance des obstacles qu'il doit vaincre, mais nous ne l'avons encore apperçu que dans l'ombre ; nous entendons bien, il est vrai, une voix qui nous dit : *Prosternez-vous* ; mais nous attendons que la lumière vienne nous apprendre si cette voix vient d'un nain ou d'un géant.

On va sans doute me trouver sévère ; on m'alléguera l'opinion des étrangers, qui mettent déjà Bonaparte au rang des héros. Les étrangers ont bien plus jugé ses actions que leur résultat ; ils l'ont vu d'ailleurs dans cette perspective lointaine qui favorise l'illusion, mais le charme théâtral a produit moins d'effet sur nous, parce que nous avons vu le héros des coulisses. Nous avons, au reste, acquis le droit d'être difficiles sur la valeur des lauriers que nous avons payés si cher ; toutes les fois qu'on fait l'éloge de Bonaparte devant 200 mille pères de famille, on leur rappelle qu'ils ont perdu leurs enfans , et j'avoue que je serois fâché qu'un gouvernement n'eût d'autre appui qu'une gloire qui rappelle sans cesse à la France des souvenirs douloureux.

« Si Bonaparte n'est pas encore un grand homme, vous conviendrez au moins qu'il est heureux ! » Je sais que c'est une phrase que tout le monde répète, et sous ce prétexte, on voudroit attacher les destinées d'un grand peuple à celles d'un seul homme. On détourne ses regards de la vertu malheureuse , on n'a rien à craindre de l'adversité ; on redoute un usurpateur , on s'attache à son char , et ce peuple de courtisans ne sait brûler son encens que sur les autels de la fortune. Il ne connoît de parti légitime , que celui qui triomphe ; las d'avoir été si souvent trompés dans les calculs de la sagesse humaine, nous confions la patrie au destin , et nous érigeons le hasard en providence. La fortune de Bonaparte ne peut cependant pas être éternelle ; les plaines de Saint-Jean-d'Acre renferment des monumens récens des vicissitudes de sa destinée : les débris de l'armée d'Egypte apprendront à la France que ses entreprises ne sont pas toujours conduites par la sagesse, et favorisées par la fortune, et l'Afrique va révéler à l'Europe le secret de ses fautes et de ses revers : au reste, l'opinion qu'on a de son bonheur n'est qu'une illusion passagère ; et ceux qui en sont séduits, se gardent bien d'en approfondir le motif, de peur de la voir s'évanouir. On a beau se déguiser ses craintes, chacun est persuadé que nous n'avons qu'un gouvernement *provisoire* ; on s'amuse *provisoirement*, on a un emploi *provisoirement*, on fait ses affaires *provisoirement*, on vit *provisoirement*. On ose à peine s'embarquer pour un long voyage et entamer une affaire sérieuse ; les sources de la circulation sont taries ; le négociant attend dans son comptoir ; le banquier reste immobile sur ses coffre-forts ; c'est toujours la république des futurs contingens ; on n'ose plus jeter ses regards en avant ; on ignore de quel côté doit venir la lumière ; on ne sait point où la foudre va tomber. L'inquiétude

ne vient pas seulement des alarmes que donne
la guerre, elle a sa source dans l'instabilité du
gouvernement et dans l'expérience que nous
avons de l'inconstance de la fortune. Voyez
les craintes des acquéreurs de biens nationaux;
ils sont loin de croire que Bonaparte soit toujours heureux et sa république inébranlable.
Depuis que Bonaparte s'est fait le chef de
l'état, les propriétés nationales ne se vendent
plus; et si elles ne se vendent point, c'est
moins parce qu'on manque d'argent, que parce
qu'on manque de sécurité. Je suis bien persuadé
que ceux qui parlent tant du bonheur de Bonaparte, ne voudroient pas placer leur fortune
sur sa tête; je m'en rapporte bien plus sur
ce point à l'intérêt personnel qu'aux conver-
sations des cafés, et Barême doit être ici
notre oracle. On peut donner à un citoyen
de grands éloges, on peut l'entourer des ac-
clamations du peuple, on peut même lui confier les rênes de l'état; mais on ne pousse
pas la légèreté jusqu'à lui donner son argent.

Toute la France, quoiqu'on en dise, est
tourmentée par une sourde inquiétude, et Bonaparte qui a l'air de jouer avec l'épée de Da-
moclès, a plus d'une raison pour n'être pas

exempt lui-même de la crainte que son gouvernement inspire aux autres. Si, loin de ses
vils flatteurs, dans la solitude des nuits, il
réfléchit quelquefois sur sa situation, quelle
doit être sa pensée, lorsqu'il ne voit autour
de lui que des rivaux qui l'abhorent, que des
valets qui le trompent, que des ennemis qui
le menacent, que des amis qui ne sauront
pas le défendre ; un ministère qui le rend
odieux, et un sénat turbulent qui brûle de
déclarer *l'empereur* traître à la patrie. « Hâte-
» toi, ô Bonaparte ! d'échapper aux périls qui
» te pressent ; hâte-toi de sauver ta fortune
» des hasards de l'avenir, et de confier ta re-
» nommée à la reconnoissance La paix de
» l'Europe, la prospérité et l'honneur des
» Français sont dans tes mains. Quand la
» France fut couverte de législateurs, personne
» n'étoit responsable des malheurs du peuple ;
» une responsabilité terrible pèse aujourd'hui
» sur ta tête. Vois ces nombreux soldats qui
» s'avancent sur le champ de bataille, c'est
» pour toi, pour toi seul, qu'ils vont mourir ;
» vois la France dans le deuil et dans la cons-
» ternation, c'est pour toi qu'elle gémit et
» qu'elle tremble ; c'est par toi que l'huma-

» nité souffre , et que l'Europe est ébranlée.
» Si tu veux imiter Cromwell , songe à la
» mémoire qu'il a laissée ; si tu veux être
» César , songe à sa fin tragique ; si veux être
» Auguste , rappèle-toi qu'il a élevé un trône
» où s'est assis Néron ; si , du faîte de ton fragile
» pouvoir , tu osois envisager l'avenir d'un oeil
» tranquille , jette tes regards sur ceux qui
» t'ont précédé dans la carrière de l'ambition ,
» et vois le monde couvert des débris de nos
» idoles ; vois l'envie qui compte tes fautes ,
» la haine qui te poursuit , l'histoire qui t'ac-
» cuse. Hâte - toi de dissiper nos craintes et
» les tiennes ; hâte-toi de remplir nos voeux
» et d'achever ta gloire. Songe sur - tout que
» tu ne peux désormais t'élever qu'en descen-
» dant , et qu'il y a pour toi une place plus
» belle que la première , c'est la seconde.
» Mon langage te paroîtra sévère , ce n'est
» pourtant pas celui de la haîne ; on ne m'a
» jamais vu parmi tes amis ni parmi tes en-
» nemis : je te parle au nom de tes contem-
» porains qui te demandent si tu veux être un
» grand homme ; je te parle au nom de 25
» millions de Français qui veulent savoir enfin
» s'ils doivent t'aimer ou te haïr. »

P. S. Au moment où j'achève de tracer ces li-
gnes fugitives, on donne le signal de la guerre;
dans cette guerre, Bonaparte a tout à perdre et
presque rien à gagner. S'il est battu, son trône
s'écroule ; s'il est vainqueur, son autorité est loin
d'être consolidée. Je viens d'exposer des principes
que la victoire même ne peut détruire : on peut
triompher d'un ennemi, mais on ne triomphe pas
long-tems de la raison et de la vérité.

Mars, 1800.